AF497799

L'ÉVOLUTION VISIBLE

DANS LA TECHNIQUE

DES CENTRALES A VAPEUR

E. RAUBER

Ancien Élève de l'Ecole Polytechnique

Directeur de la Centrale de Gennevilliers

DE L'UNION D'ÉLECTRICITÉ

L'ÉVOLUTION VISIBLE

DANS LA TECHNIQUE

DES CENTRALES A VAPEUR

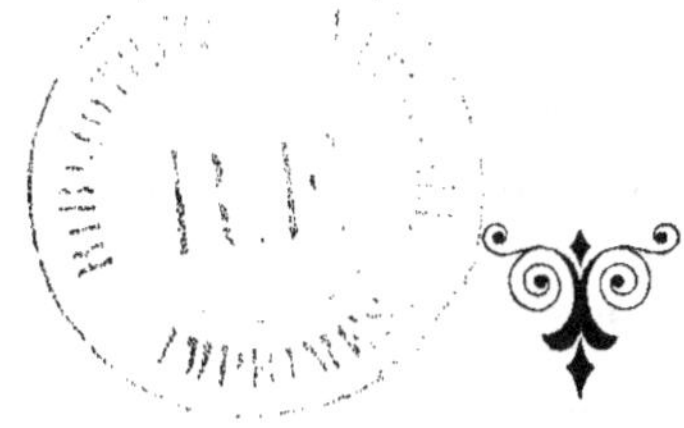

ÉDITÉ PAR LA

REVUE INDUSTRIELLE

57, RUE PIERRE-CHARRON

PARIS (VIII°)

1925

TABLE

L'Évolution visible dans la technique des Centrales à vapeur

Bien que des progrès très notables aient été réalisés au cours des dernières années, le perfectionnement des centrales à vapeur continue à préoccuper un grand nombre de techniciens des divers pays. Le développement continu des distributions d'électricité, le désir de ne pas gaspiller les réserves limitées de combustible du sous-sol, donnent au problème de l'économie dans la génération de l'énergie un intérêt toujours croissant, tout particulièrement en France.

Nous avons eu l'idée d'examiner, en tenant compte de l'expérience de l'Usine de Gennevilliers et de ce que nous savons de la technique étrangère, quels nouveaux progrès paraissaient dès maintenant possibles dans l'établissement des centrales. Nous avons ensuite essayé de préciser quelles limites on pouvait pour le moment entrevoir pour les installations à vapeur. Nous n'avons pas craint pour cela d'envisager des pressions et des températures très élevées par rapport à la pratique actuelle.

*
* *

Les tables numériques concernant la vapeur d'eau pour les pressions et les températures élevées ne sont pas encore définitivement établies, néanmoins le sens des variations est parfaitement connu. Les chiffres auxquels nous arriverons n'ont donc pas la prétention d'être exacts à plus de 2 ou 3 % près. Cela ne peut rien changer à l'ensemble de nos conclusions.

Nous avons utilisé dans nos calculs :

Une table d'entropie et les données de la 5e édition de l'ouvrage « Les Turbines à vapeur et à gaz », du professeur STODOLA qui procurent des renseignements

jusqu'à la pression de 100 kg absolus et la température
de 500° ;

Une table d'entropie plus récente du professeur
Stodola allant jusqu'à la pression critique (224 kg
absolus) et 500° C ;

Un diagramme entropique tout récent de M. Rateau
allant jusqu'à 100 kg absolus et 600° C.

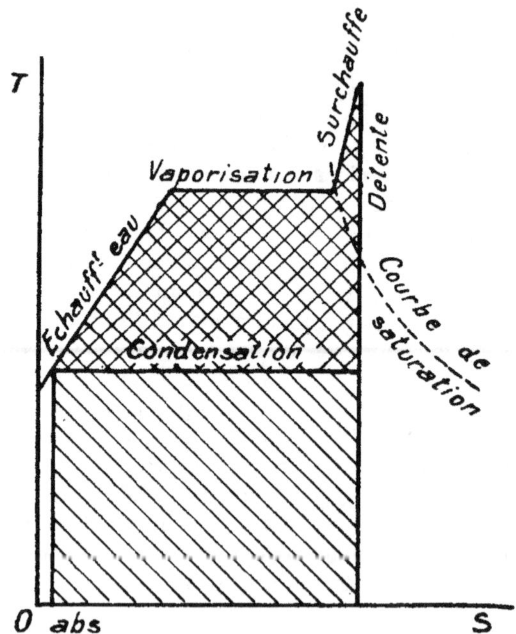

Fig. 1. — Diagramme entropique
Cycle de Rankine.

Nous avons parfois extrapolé en prenant les pré-
cautions voulues.

CHAPITRE PREMIER

LES CYCLES

A notre connaissance, les seuls cycles jusqu'ici
considérés pour l'utilisation de la vapeur d'eau dans
les centrales sont les **quatre** suivants :

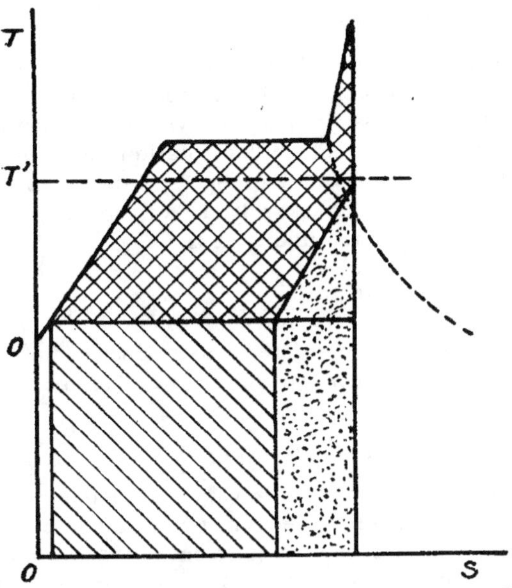

Fig. 2. — Cycle à réchauffage de l'eau à la température T'.

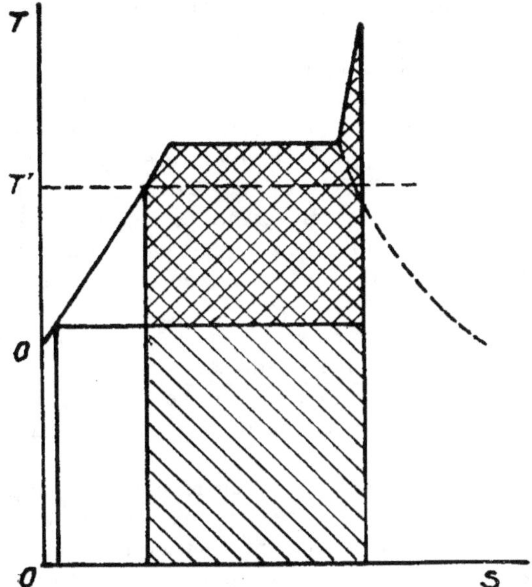

Fig. 2 *bis*. — Cycle à réchauffage de l'eau à T'
(2e représentation).

1º *Cycle de Rankine* :

La vapeur fournie à la turbine à la pression et à la température choisies, s'y détend tout entière, le plus complètement possible, jusqu'au vide du condenseur.

Ce cycle a été le seul employé pratiquement jusqu'à ces dernières années. Sa représentation dans le diagramme entropique est celle de la figure 1.

Son rendement thermique et théorique est égal au rapport :

$$\frac{\text{aire quadrillée}}{\text{aire totale hachurée}} \text{ du diagramme}$$

Il est bien entendu inférieur au rendement du cycle de Carnot qui correspondrait aux températures extrêmes.

2º *Cycle à réchauffage de l'eau* :

Au lieu de laisser toute la vapeur se détendre dans la turbine jusqu'au condenseur, on fait au cours de la détente des prélèvements (ou soutirages) de vapeur ayant fourni du travail mécanique, et dont on utilise les calories à réchauffer l'eau extraite du condenseur et retournant aux chaudières. On diminue ainsi la perte au condenseur et on obtient une amélioration du rendement thermique.

La représentation de ce cycle dans le diagramme entropique est celle de la figure 2 dans laquelle l'eau est réchauffée jusqu'à la température T'.

Comparé au cycle de Rankine, le cycle à réchauffage comporte la diminution (pointillés serrés) de l'aire mesurant le travail mécanique et la diminution (pointillés clairs) de l'aire représentant la perte au condenseur.

Le rendement thermique est encore ici le rapport :

$$\frac{\text{aire quadrillée}}{\text{aire totale hachurée}}$$

Une autre représentation de ce cycle est celle de la figure 2 *bis*.

Pour la vapeur saturée, et un réchauffage supposé continu de l'eau condensée jusqu'à la température de vaporisation, le rendement thermique de ce cycle est égal au rendement de Carnot.

Le cycle à réchauffage, qui est appelé en Amérique « cycle à régénération », est déjà utilisé dans plusieurs centrales importantes. Une des premières en date est celle de Gennevilliers dans laquelle on utilise deux soutirages de vapeur pour réchauffer l'eau à 80-90°.

L'intérêt pratique du cycle à réchauffage n'est maintenant plus guère discuté.

3° *Cycle à resurchauffe* :

La température de la vapeur s'abaisse rapidement pendant la détente dans la turbine et, dans les derniers

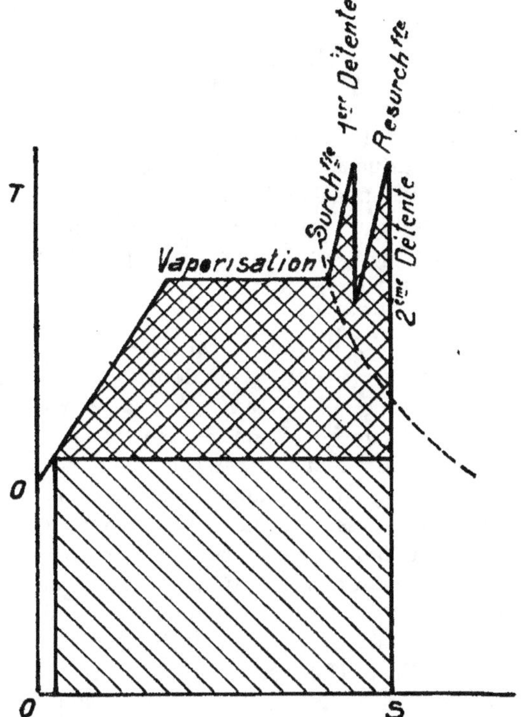

Fig. 3. — Cycle à resurchauffe de la vapeur.

étages, la vapeur est généralement saturée avec un titre d'humidité croissant jusqu'au condenseur.

Dans le cycle en question, on reprend la vapeur détendue avant son point de saturation et on la surchauffe à nouveau. La détente est ensuite continuée dans la turbine jusqu'au condenseur. Rien n'empêche d'ailleurs de resurchauffer plusieurs fois.

Ce cycle procure en somme l'avantage d'une détente plus prolongée en vapeur surchauffée, tout en limitant la température maximum à l'entrée de la turbine. Il est considéré avec beaucoup d'intérêt en Angleterre et aux Etats-Unis où il a déjà reçu quelques applications.

La figure 3 en donne la représentation dans le diagramme entropique pour une resurchauffe. Le rendement thermique théorique se mesure également par le rapport :

$$\frac{\text{aire quadrillée}}{\text{aire totale hachurée}}$$

L'économie procurée par ce cycle, pour une seule resurchauffe, est théoriquement faible (2 à 3 %). On en attend en pratique un bénéfice appréciable (3 à 5 %) du fait de la prolongation de la surchauffe pendant la détente, qui diminue les pertes internes. Son application paraît toutefois donner lieu à quelques difficultés.

4° Cycle à deux fluides :

La vapeur d'un fluide (n° 1) est détendue à travers une turbine dans un condenseur dont un autre fluide (n° 2) constitue le réfrigérant. Il y a vaporisation du fluide n° 2 qu'on fait détendre à son tour dans une turbine avec condenseur ordinaire. Ce système permet d'obtenir un rendement thermique théorique élevé du fait de la suppression de la perte au condenseur du fluide n° 1, sans faire appel à de hautes températures.

Jusqu'à présent on ne paraît guère avoir envisagé que la combinaison : fluide n° 1 (mercure) — fluide n° 2 (eau). Une installation d'essai très étudiée a été réalisée aux Etats-Unis par la G. E. C° (procédé EMMET), mais il ne semble pas qu'on soit encore sorti de la phase expérimentale.

La figure 4 donne dans le diagramme entropique la représentation de ce cycle. Le fluide n° 1 n'est pas supposé surchauffé. Le rendement thermique est encore représenté par le rapport :

$$\frac{\text{aire quadrillée}}{\text{aire totale hachurée}}$$

Malgré le grand intérêt que présente ce procédé, il est à craindre que la pénurie de mercure et son prix élevé ne soient un obstacle à son développement.

Cycle à surchauffe continue :

Nous avons fait usage, dans la dernière partie de notre étude, d'un cycle déjà cité dans l'ouvrage du professeur STODOLA (3e édition) sous le nom de « cycle à surchauffe continue » et caractérisé comme suit :

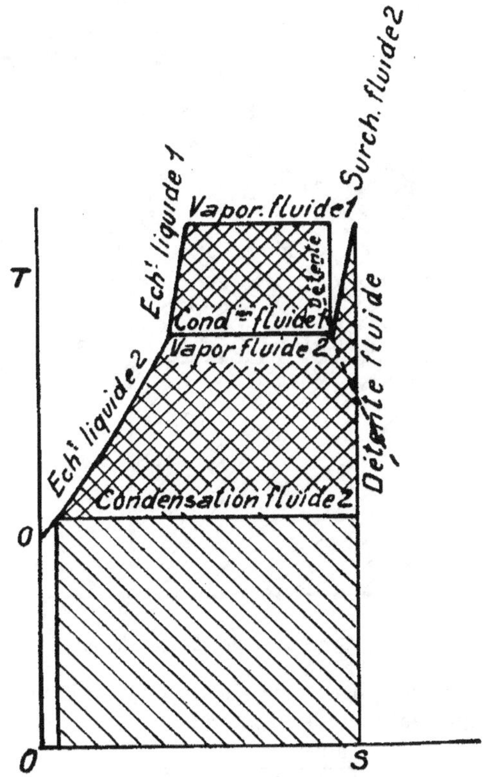

Fig. 4. — Cycle à 2 fluides.

La vapeur entrant dans la turbine y subit d'abord une détente *isothermique*. Il faut pour cela lui fournir de la chaleur pendant toute cette détente. On arrête la fourniture de chaleur à une pression telle que la vapeur, se détendant ensuite adiabatiquement, arrive exactement saturée au condenseur.

La représentation de ce cycle dans le diagramme entropique est donnée par la figure 5. Le point représentatif de la vapeur à sa température initiale étant M, on suppose qu'il vient en N en raison d'une fourniture de chaleur conservant au fluide sa température constante pendant la partie de la détente qui s'effectue de N en M. A partir de N la détente est adiabatique jusqu'au point de saturation P.

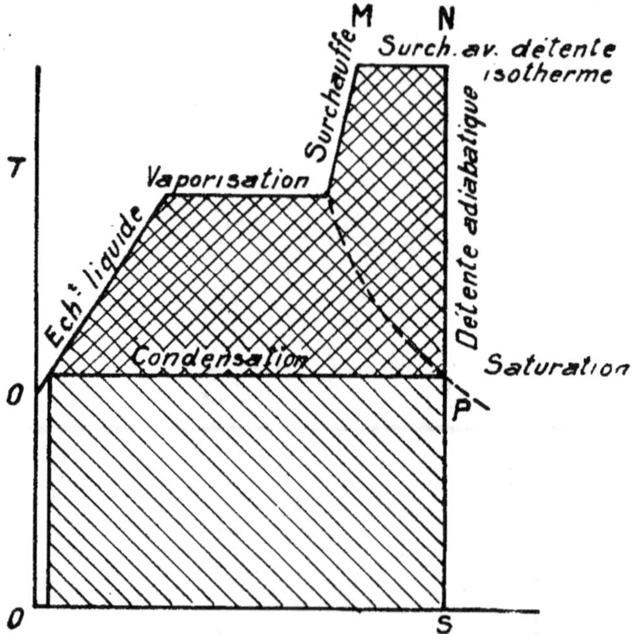

Fig. 5. — Cycle à surchauffe continue.

Le rendement thermique théorique de ce cycle est encore représenté par le rapport :

$$\frac{\text{aire quadrillée}}{\text{aire totale hachurée}}$$

L'intérêt théorique de ce cycle est évident. Il permet d'utiliser au mieux la température maximum fixée à la vapeur. Le rapport des aires est évidemment plus favorable que celui des cycles 1 et 3, à température égale.

Nous dirons plus loin ce qu'il faut penser des applications pratiques possibles de ce cycle.

Cycles divers :

Bien entendu les cycles qui précèdent peuvent être combinés entre eux dans une certaine mesure. C'est ainsi qu'on peut appliquer le soutirage de vapeur aux cycles à resurchauffe, à surchauffe continue, et au cycle à deux liquides.

Nous ne mentionnons que pour mémoire le cycle à contre-pression dans lequel la vapeur sortant de la turbine est utilisée pour le chauffage des bâtiments ou des usages industriels. Ce cycle comporte l'utilisation maximum des calories, mais les applications en sont relativement réduites. On ne peut guère, en tous cas, en supposer l'application dans les grandes centrales en raison de l'énorme quantité de calories qui seraient à utiliser dans un rayon assez court.

Sauf des cas particuliers, il n'y aura guère à chauffer dans une centrale que l'eau d'alimentation, et la façon la plus avantageuse de le faire est l'emploi de soutirages successifs.

CHAPITRE II

LES CARACTÉRISTIQUES ESSENTIELLES
ET LEUR INFLUENCE SUR LE RENDEMENT THERMIQUE

Nous n'envisagerons pour le moment que le cycle à soutirages sans resurchauffe. Il sera défini par les éléments suivants :

Pression de la vapeur ;

Température de la vapeur ;

Température à laquelle l'eau est réchauffée par le soutirage. (Le vide étant supposé constant et la température correspondante de vapeur de 25°.)

Le choix de ces caractéristiques lorsqu'on édifie une centrale a une importance extrême en raison de la rapidité d'évolution de la technique et du temps considérable que demande la réalisation d'une telle usine.

Une fois déterminées en effet, elles fixeront à peu près définitivement la valeur économique de la centrale, car on ne peut, après coup, les retoucher que difficilement et dans une mesure très limitée. Une certaine audace dans la conception pourra donc, en fait, constituer une économie au point de vue des charges financières, en permettant l'amortissement sur une durée plus longue. C'est un point sur lequel il convient d'attirer l'attention d'une façon toute pariculière.

a) PRESSION DE LA VAPEUR

Les progrès de la technique conduisent à l'emploi de pressions de plus en plus élevées, mais cette évolution, lente avant la guerre, où l'on ne dépassait pas le timbre de 17 kg, est beaucoup plus rapide depuis. La pression de 25 kg est devenue courante pour les nouvelles installations et il y a déjà quelques cas à l'étranger de centrales mises en service ou en installation à une pression d'environ 40 kg.

Aux Etats-Unis on construit également plusieurs installations d'essai, pour 80 kg.

Les principaux avantages à attendre des pressions élevées sont les suivants :

1° *L'augmentation du rendement thermique.*

Assez lente avec le cycle de Rankine, l'augmentation est plus rapide si l'on emploie le soutirage de vapeur, comme le montre le graphique n° 6. A ce point de vue, une des raisons d'emploi des hautes pressions sera de permettre le réchauffage de l'eau jusqu'à des températures élevées.

2° *L'augmentation, à transmission égale, du taux de vaporisation des chaudières.*

Les graphiques 7 et 7 *bis*, qui donnent la variation de la chaleur de vaporisation de 1 kg d'eau, soit en fonction de la pression, soit en fonction de la température, de o° jusqu'au point critique, le mettent bien en relief.

On y voit combien la chaleur latente de vaporisation, qui caractérise en somme la chaleur à transmettre à la chaudière, diminue rapidement quand la pression s'élève. De même la chaleur d'échauffement du liquide prend une importance croissante. La chaleur totale de vaporisation passe par un maximum vers 40 kg et décroît ensuite.

3° *Faibles dimensions des appareils, à travail égal,* notamment la tuyauterie, la robinetterie, etc...

Il en résulte, en définitive, un poids moindre de matériaux employés, tout en leur donnant la résistance imposée par la pression.

4° *Des avantages indirects,* tels qu'une meilleure transmission des calories de métal à eau dans la chaudière, du métal à la vapeur dans les surchauffeurs, une vaporisation moins tumultueuse et moins de primage, du fait du volume réduit de la vapeur.

Ces avantages apparaissent comme considérables, surtout pour les pressions très élevées, quand on examine les chiffres d'un peu près. Mais c'est une opinion

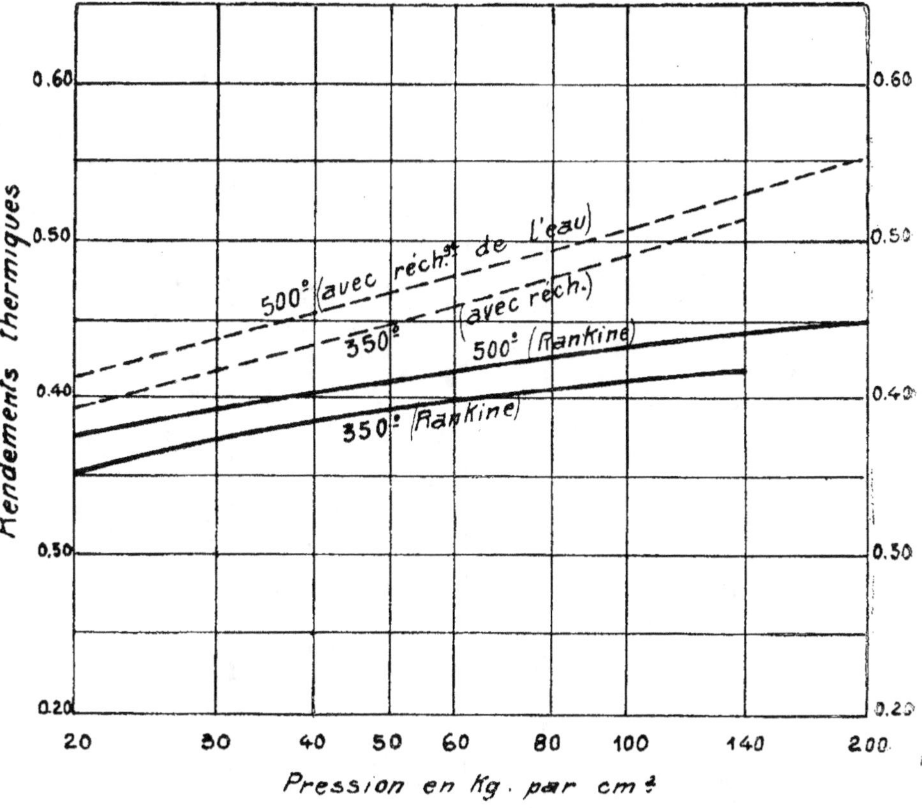

Fig. 6. — Variation du rendement thermique en fonction de la pression de la vapeur.

assez répandue actuellement qu'au delà de 40 *kg par cm2*, les dépenses d'établissement supplémentaires résultant de l'augmentation du timbre ne seraient plus justifiées par le bénéfice obtenu. Les chiffres que nous donnerons plus loin ne confirment pas cette manière de voir.

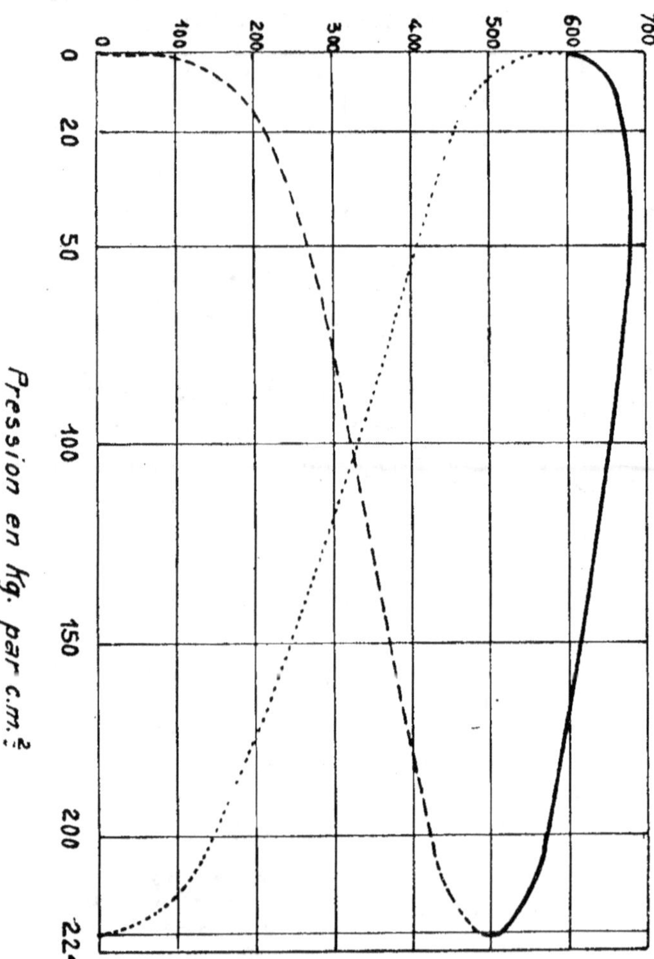

Fig. 7. — Variation avec la pression :
de la chaleur totale de vaporisation ————
de la chaleur d'échauffement du liquide ---
de la chaleur latente de vaporisation. (Différence) ....

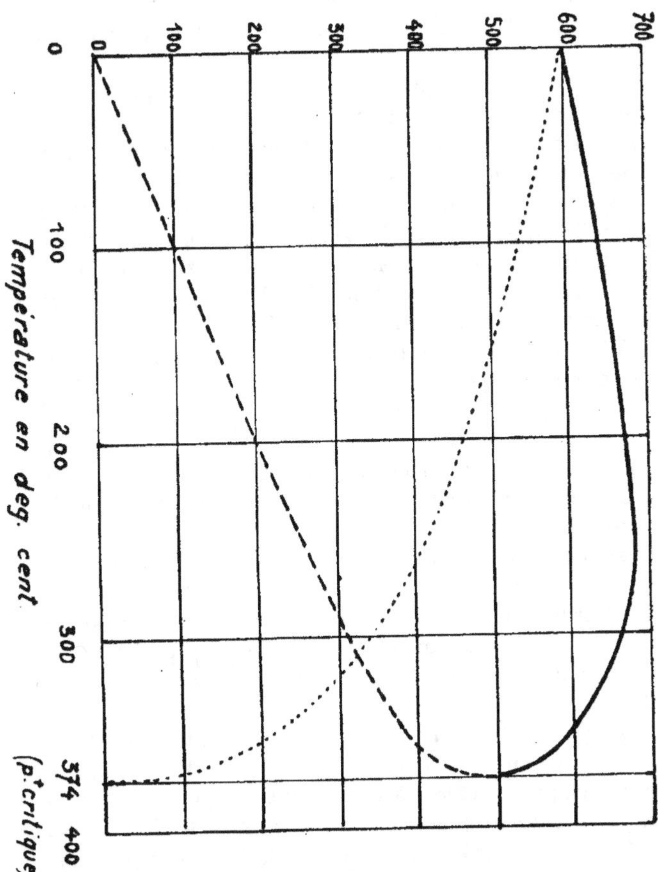

Fig. 7 *bis*. — Variation avec la température :

de la chaleur totale de vaporisation

de la chaleur d'échauffement du liquide

de la chaleur latente de vaporisation (Différence)

Il est à remarquer qu'au point de vue construction, rien n'empêche une évolution très rapide des pressions employées.

b) TEMPÉRATURE DE LA VAPEUR

On rencontre ici des difficultés plus sérieuses, qui tiennent à l'action de la vapeur surchauffée sur les métaux.

Malgré les avantages que présente l'emploi de la surchauffe dans les turbines, les constructeurs de chaudières et surtout ceux de turbines ont été assez longs à admettre des températures de vapeur de 300-350°. Le chiffre de 400° est encore à l'heure actuelle considéré par la plupart d'entre eux comme la limite extrême admissible avec les métaux normaux. Les conditions de résistance et de durabilité de ces métaux seraient insuffisantes au delà.

L'emploi des températures élevées présente les avantages suivants :

1° *Augmentation du rendement thermique.*

Le graphique n° 8, fait pour quelques pressions et jusqu'à 600° C., montre cette augmentation. Il indique même un accroissement de la variation avec la température.

2° *Prolongation de la zone de surchauffe dans les turbines.*

C'est là une circonstance favorable à la conservation des aubages des turbines et qui est, d'ailleurs, de nature à améliorer le rendement thermodynamique des turbines.

3° *Diminution du taux de vapeur par kwh. :*

Cette diminution résulte du fait que 1 kg de vapeur contient plus de calories, et aussi un plus grand pourcentage de calories transformables en travail mécanique.

Tout en étant marqués, ces avantages ne pourraient pas suffire à justifier des risques du côté de la sécurité d'exploitation. Notre opinion personnelle est qu'avec le matériel de premier ordre qu'il est de règle maintenant d'employer pour les installations haute pression des centrales, et notamment depuis qu'on fait les corps H. P. (1) des turbines en acier coulé, il n'y a aucun

---

(1) H.-P. = haute pression; B.-P. = basse pression.

inconvénient à admettre, pour les turbines, avec les métaux actuels, la température limite de 450°. Mais nous pensons que *l'intérêt présenté par les hautes surchauffes est tel, qu'il justifie pleinement l'emploi de métaux spéciaux*, même chers, et ce sera d'autant plus aisé que les pressions d'emploi seront plus élevées.

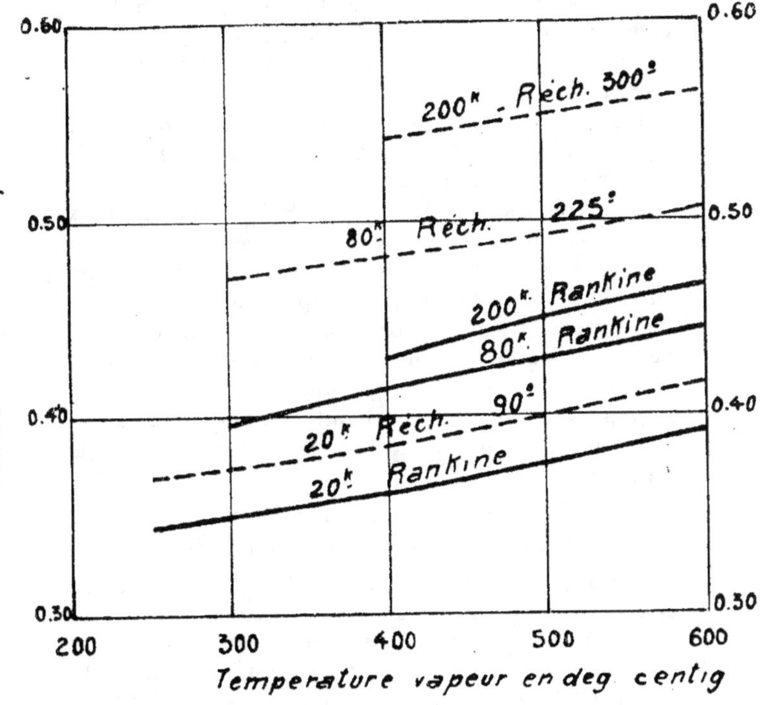

Fig. 8. — Variation du rendement thermique avec la température.
{ ▪▪▪▪ Cycle à réchauffage
{ ▬▬▬ Cycle Rankine

Seules, en effet, les hautes pressions permettront aux tuyauteries, robinetteries, corps de turbines, etc., soumis aux températures élevées, *d'être de petites dimensions,* c'est-à-dire de n'être pas trop onéreux.

Il existe déjà des métaux pouvant supporter des températures nettement plus élevées que celles en usage. On peut citer par exemple l'*alliage* dit *A. T. V.,* des *Aciéries d'Imphy,* qui est employé depuis longtemps pour des usages spéciaux et qui présente encore, à 650° C., les propriétés suivantes :

Limite élastique .... 35 kg par mm².
Charge de rupture .... 44 kg par mm².
Allongement .... 17 %.
Inoxydabilité.

Le seul inconvénient de ce métal est jusqu'ici d'être cher et d'être assez difficile à travailler, mais des progrès seront certainement réalisés rapidement s'il trouve des débouchés suffisants.

Il existe d'autres métaux de ce genre et il est à penser qu'on en découvrira de nouveaux dès que la nécessité s'en fera sentir.

Il va de soi que l'aptitude réelle de ces métaux spéciaux à résister à l'action prolongée de la vapeur très surchauffée devra être vérifiée avec soin. La mise en application pratique des températures élevées sera faite progressivement, par paliers de longue durée, avec vérifications fréquentes du matériel. Une centrale nouvelle a d'ailleurs généralement, pour d'autres raisons, une marche de début très progressive, de sorte que cette façon de faire ne constitue pas une difficulté.

c) SOUTIRAGES DE VAPEUR
POUR RECHAUFFER L'EAU D'ALIMENTATION

L'emploi systématique de prélèvements de vapeur aux turbines pour réchauffer l'eau condensée ne remonte guère qu'à quelques années. La Centrale de Gennevilliers, où l'on fait deux soutirages dans la partie B. P. des turbines pour chauffer l'eau à 90°, a été une des premières du genre. Sans être encore généralisé, cet emploi est de plus en plus fréquent. Il ne donne d'ailleurs lieu, en pratique, à aucun inconvénient que celui d'introduire des organes nouveaux, mais qui sont de tout repos. (1)

---

(1) A titre d'exemple, les réchauffeurs d'eau condensée, de l'Usine de Gennevilliers, où chaque groupe de 40.000 kW en comporte 2 de 70 m2, n'ont encore nécessité, au bout de 15.000 heures de marche, aucun travail d'entretien, ni même de nettoyage.

Les 140 m2 de réchauffeurs transmettent *autant de calories* à l'eau d'alimentation que les 2.800 m2 d'économiseur à tubes d'acier des 3 chaudières correspondantes.

Les soutirages sont au point de vue thermique d'autant plus intéressants qu'ils sont faits à une pression plus basse. Il y a cependant intérêt à les pousser jusqu'à la température la plus élevée possible compatible avec la construction des turbines, même au prix de la diminution ou de la suppression des économiseurs. Les réchauffeurs d'eau sont en effet des appareils à transmission très élevée, de prix relativement très bas et d'un fonctionnement presque idéal grâce à la propreté des fluides en jeu.

Nous avons supposé le réchauffage arrêté à une température de 50 à 60° de la température de vaporisation. C'est une marge qu'il faut pour le moment considérer comme nécessaire.

Voici les principaux avantages procurés par les soutirages de vapeur :

1° *Bénéfice important sur le rendement thermique* :

Ce bénéfice est considérable. Il atteint :

10	%	à la pression de	20 kg
17,5	%	—	100 —
21	%	—	200 —

par rapport au cycle de Rankine dans les mêmes conditions de température et de pression, et dans les limites de température ci-dessus.

2° *Diminution de la quantité de vapeur qui passe dans les dernières roues des turbines*, donc facilité plus grande pour calculer correctement les aubages de ces roues et y avoir une grande sécurité en même temps qu'un bon rendement. On sait que ce point a une importance primordiale dans l'établissement des turbines modernes. C'est même la principale cause de limitation de la puissance des turbines, à une vitesse donnée, quand on ne veut pas en passer par la solution onéreuse de dédoubler les dernières roues.

3° *Possibilité de réduire la surface du condenseur* :

Le poids moindre de vapeur arrivant au condenseur permet en effet de faire l'économie d'une partie de la surface réfrigérante.

4° *Réduction de la quantité d'eau de circulation nécessaire au condenseur*, en raison de l'apport moins grand de calories au condenseur.

Il y a d'autres avantages accessoires sur lesquels nous ne nous étendrons pas davantage.

d) RÉSULTATS THERMIQUES A ATTENDRE DE L'EMPLOI DE CARACTÉRISTIQUES POUSSÉES (1)

L'intérêt thermique qui s'attache à l'emploi simultané des caractéristiques poussées dont il est question ci-dessus est considérable. Nous avons dressé des tableaux et des courbes qui le mettent en relief, mais que nous ne pouvons donner ici. Nous nous sommes contenté de donner ci-dessous les chiffres correspondant à quelques cas pour indiquer leur allure. Nous avons pris pour limite de la pression 200 *kg par cm²*, de la température 600° C., la température de réchauffage de l'eau étant déterminée par la pression.

Pression	Température de la vapeur	Température de réchauffage de l'eau	Rendement thermique	Bénéfice possible
40 kg	450° C.	180° C.	0,449	11,5 %
80 —	500° —	225° —	0,495	19,7 —
140 —	550° —	275° —	0,535	25,8 —
200 —	600° —	300° —	0,564	29,5 —

Admettant que la pression donnait des facilités de réalisation pour les hautes surchauffes, nous avons

---

(1) Dans toute cette étude, nous avons considéré la valeur économique d'une Centrale comme définie par le *rendement thermique théorique* R de son cycle. Il est à peine besoin de rappeler que le rendement thermique *pratique r* est loin de ce chiffre, le rapport $\frac{r}{R}$ dépendant de l'horaire, du rendement propre et de la charge des unités, de leur état d'entretien moyen, des pertes caloriques diverses etc. Nous sommes certain que l'élévation des constantes a pour effet, toutes choses égales, d'augmenter le rapport $\frac{r}{R}$.

La comparaison à une usine A, caractérisée par R et *r*, d'une usine A' (R' *r'*) à caractéristiques plus élevées est donc plus exacte par le rapport $\frac{R'}{R}$ que par $\frac{r'}{r}$ qui dépend des conditions particulières de marche. De plus, cette comparaison donnera des chiffres plutôt inférieurs à la réalité.

supposé la température d'emploi croissant avec la pression.

Dans la dernière colonne, nous avons indiqué le pourcentage d'économie thermique résultant des caractéristiques admises par rapport à celles d'une bonne usine actuelle, type Gennevilliers (pression 25 kg, température 375°, réchauffage à 90°).

Ainsi qu'on le voit, on peut s'attendre à un bénéfice thermique considérable dès qu'on poussera les caractéristiques. Ce bénéfice serait de nature à justifier un supplément important de dépenses d'établissement. Mais nous allons au contraire, en examinant ce point de vue, trouver plutôt des causes de diminution que d'augmentation.

CHAPITRE III

INFLUENCE DES CARACTÉRISTIQUES ESSENTIELLES SUR LA GRANDEUR DES SURFACES D'ÉCHANGE

Les caractéristiques essentielles d'un cycle étant fixées on peut déterminer pour 1 *kg de vapeur*, par les tables et le diagramme entropique, les calories totales à mettre en jeu et leur répartition entre les différentes surfaces d'échange.

Prenant comme point de départ l'eau condensée à la température du condenseur, on détermine aisément la chaleur à fournir :

Par les réchauffeurs d'eau ;

Par la chaudière et l'économiseur s'il y a lieu (ce dernier pouvant être considéré, au point de vue échange, comme faisant partie de la chaudière) ;

Par le surchauffeur.

La vapeur étant amenée ainsi au point d'utilisation, en admettant une valeur donnée pour le rendement thermodynamique ρ de la turbine, on peut déterminer également la répartition pendant l'utilisation des calories contenues dans un kg de vapeur. On a ainsi :

Le travail mécanique obtenu sur l'arbre compté en calories Q_m ;

La chaleur utilisée au réchauffage de l'eau et provenant des soutirages ;

La chaleur absorbée par l'eau de circulation au condenseur.

Un kilowatt-heure équivalant à 861 calories, le rapport $\dfrac{861}{Q_m}$ donnera la *consommation de la turbine* en kg de vapeur par kilowatt-heure disponible sur l'arbre (1). En multipliant par ce taux de consommation les quantités de chaleur obtenues plus haut pour un kg de vapeur et pour les différentes surfaces d'échange, on obtiendra aisément, *pour un kilowatt-heure disponible sur l'arbre*, les calories à transmettre par les différentes surfaces d'échange, chaudière, surchauffeur, réchauffeur d'eau et condenseur. Voici les chiffres pour les cas choisis :

Caractéristiques du cycle	Calories à transmettre pour 1 kwh.			
	Chaudiere	Surchauffeur	Réchauffeur d'eau	Condenseur
Réch. à				
20 k. — 400° — 90°	2.375	416	367	1.930
40 k. — 450° — 180°	1.885	520	714	1.540
80 k. — 500° — 225°	1.525	665	861	1.335
140 k. — 550° — 275°	1.290	730	1.096	1.159
200 k. — 600° — 300°	986	930	1.195	1.051

La figure 9 donne également ces quantités de chaleur pour les mêmes cas particuliers.

On pourra déduire aisément de ce qui précède la valeur à donner aux surfaces d'échange, lorsqu'on aura fixé les caractéristiques d'un cycle. Il suffira de définir pour chacune des surfaces d'échange le taux moyen de transmission admis en calories par m2 et par heure pour l'allure maximum.

Dans tout ce qui suit, nous avons pris comme base les chiffres ci-après, qu'on peut considérer comme modérés :

Chaudière......... 30.000 cal. par m² et par heure.
Surchauffeur...... 20.000 —
Réchauffeur d'eau 50.000 —
Condenseur ...... 40.000 —

---

(1) Nous n'avons employé que la puissance disponible sur l'arbre de la turbine pour n'avoir pas à tenir compte du rendement des alternateurs.

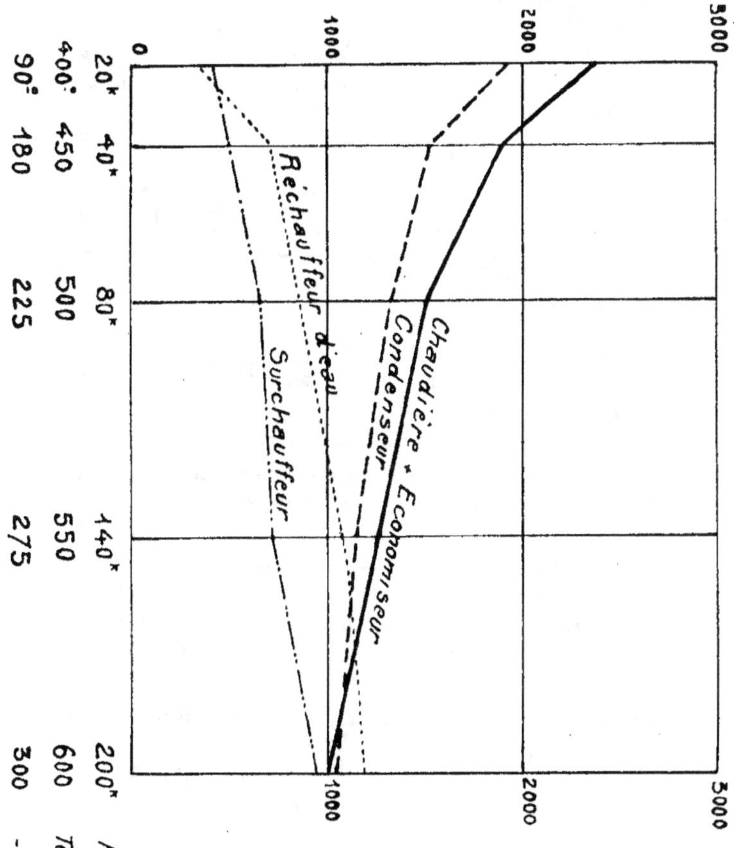

Fig. 9. — Calories à transmettre
par les surfaces d'échange pour obtenir 1 *kwh sur l'arbre*
dans quelques cas
(cycle à soutirage sans resurchauffe).

(Nous pensons que ces taux pourront être largement dépassés.)

Le tableau ci-après donne dès lors, pour les cas considérés, et pour 1.000 *kilowatts de puissance disponible sur l'arbre*, les valeurs suivantes pour les surfaces d'échange :

Caractéristiques du cycle	Surface en m²			
	Chaudière	Surchauffeur	Réchauffeur d'eau	Condenseur
Réch. à				
20 k. — 400° — 90°	80	21	7,8	49
40 k. — 450° — 180°	62,5	26	14,4	39
80 k. — 500° — 225°	51	32	17,5	34
140 k. — 550° — 275°	42,5	36	21	28,7
200 k. — 600° — 300°	33	47	24	26,3

Il est à remarquer que les chiffres portés pour le cas 20 kg *ne sont pas ceux actuellement pratiqués*. Ils ne sont mis là que pour montrer l'influence des variables, toutes choses égales. Les taux d'échange actuellement en usage sont moins élevés que ceux que nous avons admis plus bas. Dans les usines récentes à ce timbre on a généralement pour 1.000 kilowatts de puissance sur l'arbre :

Chaudière .... 100 à 120 m² (économiseur en plus)
Surchauffeur ..... 30 à 50 m²
Réchauffeur d'eau. 4 à 6 m² (quand il existe)
Condenseur ...... 80 à 100 m²

Le graphique de la figure 10 est établi avec les chiffres du tableau ci-dessus.

On voit quelle influence considérable auront les caractéristiques poussées sur la grandeur des surfaces d'échange. Nous croyons même que cette influence sera encore plus grande quand l'évolution se fera, car on sera conduit, comme nous le verrons plus loin, à prendre des taux d'échange de calories plus élevés que ceux que nous venons d'admettre.

La *chaudière*, de plus en plus réduite, devient capable, à une pression suffisante, de 10 à 15.000 kilowatts pour 500 m². Il n'est donc plus nécessaire de faire des très grandes chaudières.

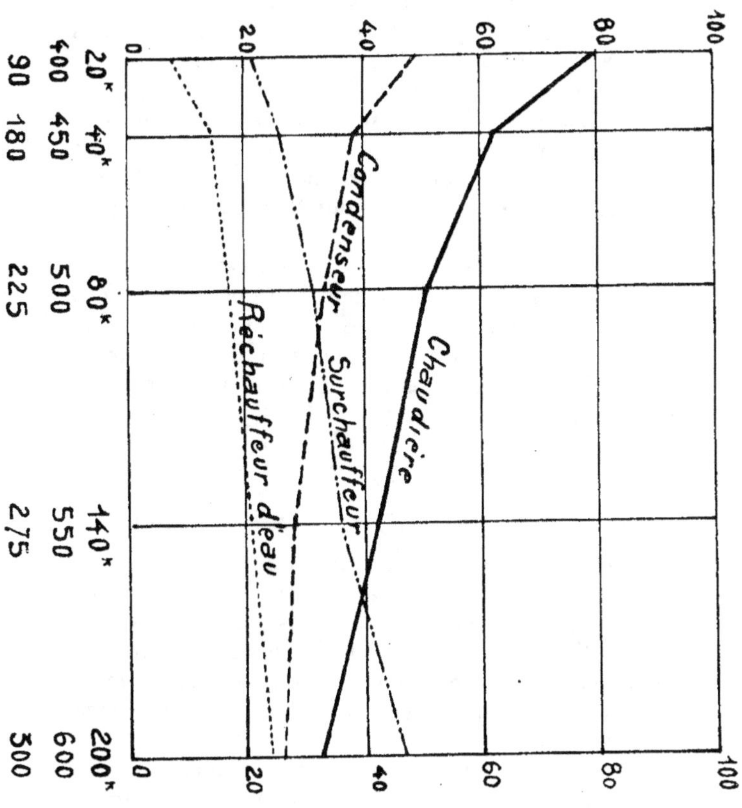

Fig. 10. — Surfaces d'échange nécessaires
pour obtenir une puissance de *sur l'arbre* 1.000 *kwh*
de la turbine dans quelques cas
(cycles avec soutirage sans resurchauffe).

Le *surchauffeur*, lui, augmente de surface, du moins à taux d'échange constant. Mais c'est une surface moins chère que la chaudière, et ne donnant lieu à aucune préoccupation du côté de la sécurité. Il est certain, d'ailleurs, que les pressions et les températures élevées permettront d'élever beaucoup le taux d'échange du surchauffeur.

Le *réchauffeur d'eau* est un appareil peu coûteux, à transmission considérable, dont le développement ne doit donner que des satisfactions.

Le *condenseur* devient, comme la chaudière, de plus en plus réduit. Nous verrons d'ailleurs plus loin qu'on peut gagner encore beaucoup sur son taux d'échange.

Sans vouloir encore tirer de conclusion générale des chiffres qui précèdent en ce qui concerne les frais d'établissement des usines, nous noterons pour le moment qu'ils paraissent favorables à l'emploi de caractéristiques élevées.

CHAPITRE IV

CONSIDÉRATIONS SUR LES TAUX D'ÉCHANGE

La quantité de chaleur transmise par 1 m^2 et par heure d'une surface d'échange dépend de la valeur des coefficients k et des différences de températures en jeu. Nous ne parlerons ici que des taux pratiques de transmission, comptés en calories échangées entre deux fluides par m^2 moyen et par heure de la surface considérée.

Les taux de transmission varient énormément avec la fonction des surfaces d'échange. Voici ceux qu'on peut considérer comme acquis dans la pratique actuelle :

Chaudière : 20 à 30.000 calories (moyenne) avec des chiffres extrêmes de l'ordre de 100.000 pour les tubes de coup de feu et 3 à 4.000 à la fin du faisceau.

Surchauffeur : 10 à 20.000 calories.

Economiseur : 2 à 5.000 calories.

Réchauffeur d'air : 800 à 2.000 calories, (suivant emplacement).

Réchauffeur d'eau : 40 à 60.000 calories.

Condenseur : 20 à 40.000 calories.

Les conditions qui sont favorables à la réalisation de taux élevés sont les suivantes :

1º *Maintien de la propreté des surfaces.*

2º *Grande vitesse de circulation pour les fluides*, les coefficients k augmentant toujours avec la vitesse. Dans certains cas, la vitesse de circulation fixée pour d'autres raisons peut être suffisante, notamment pour l'eau qui transmet très bien au métal. Pour la transmission de gaz à métal, qui est de beaucoup la plus difficile, les grandes vitesses sont toujours à rechercher dans la mesure où elles ne conduisent pas à des pertes de charge prohibitives.

A partir d'une certaine vitesse, on obtient généralement un effet indirect favorable : le salissement des surfaces d'échange diminue.

3º *Faible épaisseur des veines de fluide qui échangent leurs calories.* Si la transmission se fait par des surfaces planes, employer des surfaces très rapprochées. Si la transmission se fait par des tubes, employer des tubes de petit diamètre, suffisamment rapprochés.

La transmission par des veines fluides de faible épaisseur se fait sur des trajets plus courts. Cela permet, à transmission égale, l'emploi de vitesses plus élevées sans augmentation des pertes de charge.

De plus, on peut loger dans un volume donné une surface d'échange d'autant plus grande que les veines fluides sont plus minces.

On est évidemment limité pour l'épaisseur des veines fluides par les considérations de maintien de la propreté des surfaces. Mais rien n'empêche, lorsqu'on a affaire à des fluides très purs, d'aller extrêmement loin dans cette voie.

4º *Le quinconçage des tubes, lorsque l'échangeur est tubulaire, qui permet d'utiliser mieux la surface d'échange.*

5º *La circulation transversale, lorsque l'échangeur est tubulaire, et que le fluide extérieur aux tubes est gazeux.*

6º *La circulation méthodique, ou à contre-courant, des deux fluides.*

La transmission de chaleur de gaz à métal est, comme nous l'avons dit, particulièrement difficile, surtout lorsque les surfaces sont sales. L'emploi de grandes vitesses de gaz est donc particulièrement indiqué, ainsi que l'*emploi très développé de tubes à ailettes* qui **augmentent** considérablement la surface de métal en contact avec les gaz.

Il devra toujours être attaché une grande importance aux dispositions destinées à assurer la propreté des surfaces d'échange.

Des perfectionnements sérieux, basés sur les principes qui précèdent, peuvent être appliqués dès maintenant à la construction des surfaces d'échange. Nous en parlerons avec quelques détails lorsqu'il sera question plus loin des divers appareils. Avec ces perfectionnements, nous estimons qu'il sera relativement aisé de réaliser les taux d'échange ci-après :

Chaudière (moyenne) : 40.000 calories par m²-heure.
Surchauffeur : 20.000 à 30.000 calories.
Economiseur : 6.000 calories.
Réchauffeur d'air : 1.500 calories.
Réchauffeur d'eau par soutirage : 60.000 calories.
Condenseur : 50.000 calories.

Nous avons néanmoins utilisé plus haut, et notamment pour le graphique n° 10, des taux moins élevés, pour n'être pas taxé d'exagération.

On peut remarquer que les caractéristiques élevées seront par elles-mêmes favorables à l'obtention de taux d'échange élevés. La pression tendra à faciliter la transmission entre métal et eau, et entre métal et vapeur. *La température tend, toutes choses égales, à augmenter les coefficients* k. La température moyenne des échanges étant augmentée (sauf pour le condenseur), il résultera de ce seul fait une majoration générale des taux.

A remarquer également que plus les surfaces difficiles à tenir propres, comme la chaudière et le surchauffeur, seront réduites en importance, plus il sera aisé de prévoir les dispositifs destinés à en maintenir la propreté.

CHAPITRE V

PROGRÈS POSSIBLES
DANS L'ÉTABLISSEMENT DU MATÉRIEL

Nous allons examiner sommairement les diverses parties du matériel ordinaire des centrales pour

lesquelles des perfectionnements sérieux paraissent
dès maintenant visibles.

Foyer :

Trois types principaux de foyers sont actuellement
employés ou envisagés dans les centrales à vapeur :

La grille à chaîne qui a été très perfectionnée ces
dernières années, en particulier aux Etats-Unis.

Le foyer à gradins, à chargement par-dessous, genre
Taylor, Riley, etc...

Le charbon pulvérisé dont l'emploi fait des progrès
assez rapides.

C'est peut-être ce dernier qui réaliserait le mieux
les qualités essentielles demandées à un bon foyer,
qui sont :

Adaptation aux charbons les plus divers et en
particulier une facilité relative à brûler des charbons
très mauvais ;

Grande souplesse d'allure ;

Bonne combustion (CO_2 élevé, peu de CO) ;

Cendres exemptes d'imbrûlés.

Toutefois, son emploi entraîne des dépenses supplémentaires d'installation, des sujétions sérieuses comme
le séchage et le broyage du charbon, son transport,
la difficulté de le peser à l'emploi, la nature des
cendres, etc..., et il n'est pas du tout certain que ce soit
un jour le foyer universel. La grille à chaîne s'adapte
très bien, elle aussi, à brûler les charbons les plus
divers. Le foyer à gradins permet de son côté, grâce
à la grande quantité de charbon en ignition sur la
grille, une très grande souplesse de production.
Quand ces deux types de foyers sont munis de dispositifs assurant une très faible proportion d'imbrûlés
dans les mâchefers, leur seule cause d'infériorité de
rendement, par rapport au charbon pulvérisé, dis-
paraît. Avec une chambre de combustion de dimensions suffisantes, ils peuvent en effet, eux aussi,
brûler avec **un** CO_2 élevé.

Peut-être même ces foyers reprendraient-ils l'avantage si l'on était amené plus tard, comme il n'est pas
illogique de le supposer, à additionner au charbon
des petites quantités d'argile ou de calcaire pour que le
mâchefer devînt un ciment, sous-produit intéressant.

La combinaison de deux types de foyers tels que grilles à chaîne et pulvérisé, peut d'ailleurs constituer dans une même usine un ensemble très rationnel : les grilles à chaîne brûlant uniquement du charbon calibré, soigneusement reclassé sur place, et le fin provenant du tamisage étant brûlé dans des foyers à charbon pulvérisé.

Le foyer à gradins est, quant à lui, plus apte à brûler les charbons de grosseurs diverses, mais son fonctionnement serait amélioré si on en éliminait le fin. On peut donc également l'employer en même temps que le charbon pulvérisé.

Cela suppose, bien entendu, une installation de criblage sur place. Toute manutention devrait, désormais, à notre avis, en comporter une, pour permettre *au moment de l'utilisation* le classement optimum du charbon.

Enfin, nous aurons à envisager plus loin un quatrième type de foyer encore peu répandu, *le foyer à gaz*, ce dernier étant produit dans des installations de distillation ou des gazogènes. On aurait avec ce foyer des gaz de combustion propres et peut-être, avec des brûleurs appropriés, la possibilité de diminuer le volume des chambres de combustion, sans diminuer la qualité de la combustion. On pourrait aussi, plus aisément, faire de la surchauffe ou de la resurchauffe à la turbine même.

Un perfectionnement qui nous paraît avoir une grande importance est la protection des parois réfractaires des chambres de combustion, soit par des tubes vaporisateurs, soit par des tubes surchauffeurs, expérimentée l'an dernier avec succès aux Etats-Unis. Non seulement la maçonnerie est protégée, mais la surface en tubes de coup de feu est fortement augmentée. On pourra trouver là aussi une certaine aisance à développer le surchauffeur par rapport à la chaudière.

Nous indiquons comme probable une réduction du *volume* des chambres de combustion, du fait de la petitesse des chaudières, lorsque les caractéristiques seront élevées. Les chambres de combustion garderaient la hauteur nécessaire à la combustion complète, *mais deviendraient allongées.*

Chaudière :

Nous avons vu plus haut que l'emploi de caractéristiques poussées conduit à une diminution très rapide de la surface chaudière, au prix d'une certaine augmentation de la surface surchauffeur. D'une façon générale on peut dire que c'est là une modification heureuse. La chaudière est en effet l'appareil délicat de la chaufferie, comme conduite et comme sécurité. Elle en est aussi l'élément coûteux comme prix d'installation.

Du fait de l'emploi d'une partie du faisceau tubulaire pour protéger la chambre de combustion, la surface de la chaudière proprement dite sera extrêmement réduite et nous la voyons constituée sur les bases suivantes :

Quelques rangées de tubes de coup de feu de diamètre moyen.

Le surchauffeur.

Enfin un dernier faisceau de tubes, de petit diamètre, *à ailettes ou à stries transversales*, pour faire tomber au maximum la température des gaz avant la sortie de la chaudière.

Il n'y aurait aucune chicane, mais un seul passage aux gaz de façon à permettre, sans pertes de charge exagérées, l'emploi de *très grandes vitesses des gaz* de la combustion. Cette vitesse irait même en croissant vers la sortie de la chaudière, grâce à une diminution progressive de la longueur et de l'espacement des tubes. On aurait ainsi une transmission élevée dans la dernière partie du faisceau tubulaire.

La question de la propreté intérieure des chaudières peut être dès maintenant considérée comme résolue par l'emploi de condenseurs étanches, la récupération des eaux de purge et l'appoint d'une eau très bien épurée ou même distillée. Il faudra considérer comme d'une extrême importance le *maintien permanent, à l'état propre*, en marche, *des surfaces extérieures*. Les grandes chambres de combustion et la grande vitesse des gaz sont, à ce point de vue, d'excellents facteurs. Toutefois, les faisceaux tubulaires devront toujours comporter des dispositifs de ramonage très étudiés. Ils seront constitués de paquets successifs de tubes, d'assez faible épaisseur, pouvant être parfaitement nettoyés et permettant entre eux le passage d'un homme.

La sécurité de marche dans des chaudières de ce genre résultera :

De la propreté intérieure ;

Du faible volume d'eau ;

De la petitesse des tubes ;

De la grandeur de la chambre de combustion ;

Du large dégagement, côté cheminée, du fait de l'absence de chicanes.

Constituée comme il vient d'être dit, et en particulier à cause de la proportion élevée de tubes de coup de feu résultant de la protection de la chambre de combustion, la chaudière transmettra aisément 40.000 *calories par m² et par heure*, et peut-être davantage, sans exagération de la température de sortie des gaz.

Un soin particulier devra être apporté, dans ces chaudières à grande vaporisation, aux deux points suivants :

Alimentation automatique à niveau constant : On emploiera par exemple la double alimentation avec deux sources séparées et un certain nombre de régleurs de petit débit en parallèle, donnant la sécurité dans le sens du manque d'eau et du trop d'eau.

Séparation de l'eau à la prise de vapeur, pour éviter notamment le salissement des surchauffeurs dont les tubes seront très petits. C'est un problème simple, surtout avec les pressions élevées, où il y aura peu de primage par suite du faible volume de la vapeur.

Surchauffeur :

D'après ce qui précède, le surchauffeur deviendra un élément important de la chaudière future. Nous le voyons constitué de deux parties :

La première ne sera ni plus ni moins qu'un surchauffeur du type normal pouvant porter la vapeur à 450 et à l'extrême limite 500°. Elle sera constituée de tubes en acier doux de très petit diamètre intérieur placés dans la dernière partie du faisceau. Ces tubes seront utilement munis d'ailettes, ou striés.

Une deuxième partie du surchauffeur permettra

d'élever la température des gaz entre 450 et 600°. Constituée en tubes de métal spécial, de grande épaisseur et à ailettes, elle pourra être intercalée entre les tubes de coup de feu de la chaudière et le surchauffeur précédent. Dans ce cas la chaudière fournira directement de la vapeur à température élevée et la tuyauterie et la robinetterie, jusqu'à la turbine, devront être prévues en conséquence.

On peut également imaginer ce surchauffeur particulier placé à proximité de la turbine, et même, si l'on veut, muni d'un by-pass permettant d'employer directement de la vapeur aux températures actuelles.

De grandes vitesses de vapeur seront à employer dans les surchauffeurs, ainsi que des tubes de très petit diamètre pour obtenir une bonne transmission. On est peu limité dans ce sens étant donné la propreté de la vapeur.

De grands progrès paraissent encore possibles dans la construction des surchauffeurs. On peut s'attendre à réaliser des taux de transmission de 30.000 *calories et plus par m² et par heure,* surtout avec les pressions élevées, et cela avec des appareils de prix modéré.

Économiseur :

L'économiseur nous paraît devoir disparaître rapidement des chaufferies futures.

Comme réchauffeur d'eau, c'est un appareil médiocre qui sera avantageusement remplacé, et à frais beaucoup moindres, par le réchauffeur d'eau à vapeur soutirée des turbines, lequel peut transmettre, à surface égale, 15 à 20 fois plus de calories par m2 et par heure.

Comme récupérateur, il est de moins en moins efficace au fur et à mesure qu'on élève la température de l'eau qui l'alimente, du fait de l'emploi du soutirage.

De plus, ses difficultés d'emploi vont en croissant : l'emploi d'un économiseur d'un certain volume, à gros tubes, en fonte devient onéreux, et également dangereux par la masse d'eau surchauffée qu'on met en œuvre. L'économiseur à petits tubes d'acier, plus souple et moins encombrant, peut néanmoins donner lieu, lors des grosses variations d'allure, à des vaporisations et difficultés d'alimentation.

La suppression des économiseurs donnera à l'exploitation des chaufferies à haute pression plus de facilité, la surveillance étant réduite à la chaudière même. Il en résultera, bien entendu, une simplification des tuyauteries.

Comme récupérateur à la sortie des chaudières, l'économiseur sera avantageusement remplacé par le réchauffeur d'air.

Réchauffeur d'air :

Relativement peu employé jusqu'ici, cet appareil deviendra sans doute le principal récupérateur des chaufferies. Le coefficient de transmission du réchauffeur d'air est assez faible vis-à-vis de celui de l'économiseur. Néanmoins, même en travaillant dans des températures assez basses (c'est le cas à Gennevilliers où le réchauffeur d'air est placé à la suite d'un économiseur), on arrive à transmettre assez aisément 1.000 calories par m² et par heure avec des appareils plutôt primitifs.

On peut remarquer que sur cette base et pour 5.000 heures de marche effectives, 1 m2 de réchauffeur d'air procure *une économie annuelle d'environ 600 kg de charbon* capable de l'amortir en 2 ou 3 ans. *C'est donc un récupérateur fort intéressant.* La perte de charge supplémentaire n'absorbe que quelques pour-cent des calories récupérées.

Les principaux avantages présentés par le réchauffeur d'air sont les suivants :

Au point de vue fonctionnement : il donne de l'air chaud pour la combustion, ce qui améliore le régime de celle-ci sans augmentation excessive de la température de combustion. C'est un élément supplémentaire de souplesse et d'activité pour un foyer.

Il permet de récupérer à une température beaucoup plus basse que l'économiseur pour lequel on est limité par la température de l'eau d'entrée. Avec le réchauffeur d'air, le fluide refroidissant est à l'origine à la température ambiante, de sorte que théoriquement la récupération peut être totale.

Le réchauffeur d'air est un excellent régulateur de rendement pour la chaudière.

Aux faibles allures, il échange moins du fait de la

vitesse, mais donne néanmoins une température de sortie de gaz plus basse que la normale. Aux allures poussées, il récupère davantage et, si la température de sortie des gaz dépasse la normale, l'activité du régime tend à augmenter le rendement.

Au point de vue construction : *le réchauffeur d'air est peu encombrant* (actuellement 30 à 40 m² de surface d'échange par m³, mais ce chiffre peut être doublé ou triplé).

Il est léger (10 à 20 kg par m² de surface d'échange).

Il est bon marché, soit pour les raisons ci-dessus, soit comme conséquence au point de vue des installations générales (bâtiments, etc...).

Prévus dès l'origine à l'Usine de Gennevilliers, les réchauffeurs d'air y donnent des résultats satisfaisants.

Depuis un an ou deux, le réchauffeur d'air est considéré avec beaucoup d'intérêt dans les divers pays. Trois types d'appareils semblent particulièrement retenir l'attention :

1º *Les réchauffeurs à tubes*, qui seront sans doute de moins en moins employés à cause de leur prix.

2º *Les réchauffeurs à tôles parallèles*, qui échangent par surface entre des lames de gaz et d'air alternatives. Nous croyons cet appareil supérieur au premier, mais il doit, à notre sens, être construit non pas en s'attachant à utiliser les tôles du commerce, mais à obtenir une circulation rationnelle de l'air et des gaz. Notamment les sections de passage de l'air et des gaz doivent être dans un rapport convenable et *croissantes ou décroissantes*, de façon à assurer tout partout aux deux fluides la vitesse prévue pour avoir un bon échange des deux côtés de la surface. Les lames d'air et de gaz doivent être très minces de façon à avoir des appareils courts permettant des grandes vitesses de gaz, sans perte de charge exagérée.

3º *Les appareils à transport de calories* dans lesquels des éléments métalliques tournant lentement se réchauffent en passant dans le conduit gaz pour se refroidir ensuite dans le conduit air. L'appareil LJUNGSTROM est basé sur ce principe. Pour être bien utilisés, ces éléments doivent avoir des faibles épaisseurs ou diamètres comme métal.

Tuyauteries :

Les caractéristiques élevées permettront naturellement l'emploi de tuyauteries de diamètres de plus en plus faibles. Il en résultera une grande aisance dans la construction des tuyaux et des robinets qui permettra de solutionner les questions posées par les températures élevées.

Grâce à l'emploi de coudes ayant un grand diamètre relatif, la vitesse de circulation pour la vapeur très surchauffée pourra atteindre 80 mètres par seconde et peut-être davantage. On prévoira utilement des parties coniques aux départs, arrivées et raccordements de tuyauteries, pour éviter les remous et les pertes de vitesse sans récupération.

La soudure autogène sera sans doute uniquement employée, soit pour la fixation des brides de tuyaux, soit pour souder les tuyaux entre eux. (Elle le sera largement aussi pour la construction des chaudières et surchauffeurs.)

Grâce à la haute surchauffe, les séparateurs d'eau pourront dans la plupart des cas être supprimés.

Turbine :

La construction des turbines à vapeur de grande puissance a, depuis quelques années, évolué dans un sens des plus favorables à l'adoption de pressions et de températures élevées.

La recherche du rendement thermodynamique maximum conduit à effectuer la détente dans deux ou trois turbines successives, au lieu d'une seule turbine monobloc.

On augmente plutôt le nombre des étages qui avait été exagérément réduit. Certaines maisons adoptent même un grand nombre d'étages pour les turbines H. P., de façon à réduire le diamètre des roues et à travailler avec une faible vitesse de circulation de la vapeur.

Les turbines H. P., auxquelles on est ainsi conduit, sont de petites dimensions, très aptes à supporter les pressions les plus élevées, et même, moyennant emploi de métaux appropriés, des températures très élevées.

Une grande importance commence à être donnée, non seulement à une parfaite exécution des aubes mobiles, mais aussi à celle des aubages directeurs. Pour ces derniers on a commencé à employer le fraisage des canaux et des aubages et il est à penser que ce mode de construction deviendra général. En somme on tend à rechercher un rendement meilleur en abandonnant les procédés de construction à bon marché trop souvent employés au détriment de la consommation.

Nos calculs ont été faits avec le rendement thermo-dynamique $\rho = 0,80$, qui est couramment réalisé dans les turbines d'une certaine puissance. On peut espérer que les efforts faits en ce moment chez les constructeurs permettront d'atteindre le chiffre de 0,85.

Un point sur lequel nous désirons attirer l'attention d'une façon toute particulière est l'*influence énorme que pourra avoir sur la construction des turbines l'utilisation de caractéristiques élevées pour la vapeur.*

La haute surchauffe permet d'arriver à un taux bas de consommation de vapeur par kilowatt-heure. Le soutirage, en employant une partie de la vapeur à réchauffer l'eau d'alimentation, ne laisse passer dans la dernière roue qu'une fraction de la vapeur initiale. Pour ces deux raisons, *la quantité de vapeur qui passe dans la dernière roue peut arriver à être très faible*, ainsi que le montre le graphique de la figure 11. Dans les cas que nous avons considérés, le poids de vapeur passant dans la dernière roue est réduit à :

3 kg 15 par kilowatt-heure pour la pression de				40 kg
2 kg 80	—	—	—	80 —
2 kg 50	—	—	—	140 —
2 kg 10	—	—	—	200 —

La puissance possible pour une turbine de vitesse donnée étant généralement déterminée par la longueur qu'on peut donner aux ailettes de la dernière roue mobile, sans contrainte exagérée pour le métal et sans vitesse excessive de la vapeur, il résultera des caractéristiques poussées une plus grande aisance, soit pour augmenter la puissance, soit pour augmenter le rendement thermodynamique. Ce point a une

importance considérable car le rendement d'une turbine à vide élevé souffre souvent du rendement
faible de la dernière roue.

Si l'on adoptait les bases actuelles de la construction, la *limite de puissance des turbines à* 3.000 *tours
par minute,* qui est de l'ordre de 15.000 kilowatts
pour *une roue de sortie unique,* deviendrait :

23.000 kilowatts à	40 kg
26.000	—	80 —
29.000	—	140 —
34.000	—	200 —

La puissance étant limitée du fait de l'alternateur,
on pourra utiliser l'aisance résultant de ce faible
poids de vapeur passant dans la dernière roue pour
améliorer le rendement thermique. Dans d'autres
cas, on évitera la roue double à la sortie qui est
toujours onéreuse, et qui complique les échappe-
ments.

On trouvera donc là une solution de la difficile
question de la dernière roue, et la possibilité d'utiliser
mieux les vides élevés que permet la température de
l'eau de circulation en hiver. On verra en même
temps s'élargir les possibilités de construction de
turbines légères, à prix d'achat réduit, et très économiques.

Condensation :

Nous avons vu plus haut que l'emploi de caractéristiques poussées permettrait de réduire dans une
très large mesure la surface des condenseurs, pour
une transmission donnée.

Mais de grands progrès paraissent pouvoir encore
être faits dans la conception et la construction des
condenseurs, et cela dans les directions suivantes :

Emploi d'une grande vitesse d'eau de circulation :

Jusqu'à présent on a considéré le chiffre de 2 mètres
par seconde comme une limite supérieure pour ne pas
accroître le travail de la circulation. Nous croyons
qu'il ne faut pas hésiter à employer 2 m. 50, 3 *mètres
par seconde* et peut-être plus comme vitesse de circulation. On favorise ainsi la transmission de métal à eau :

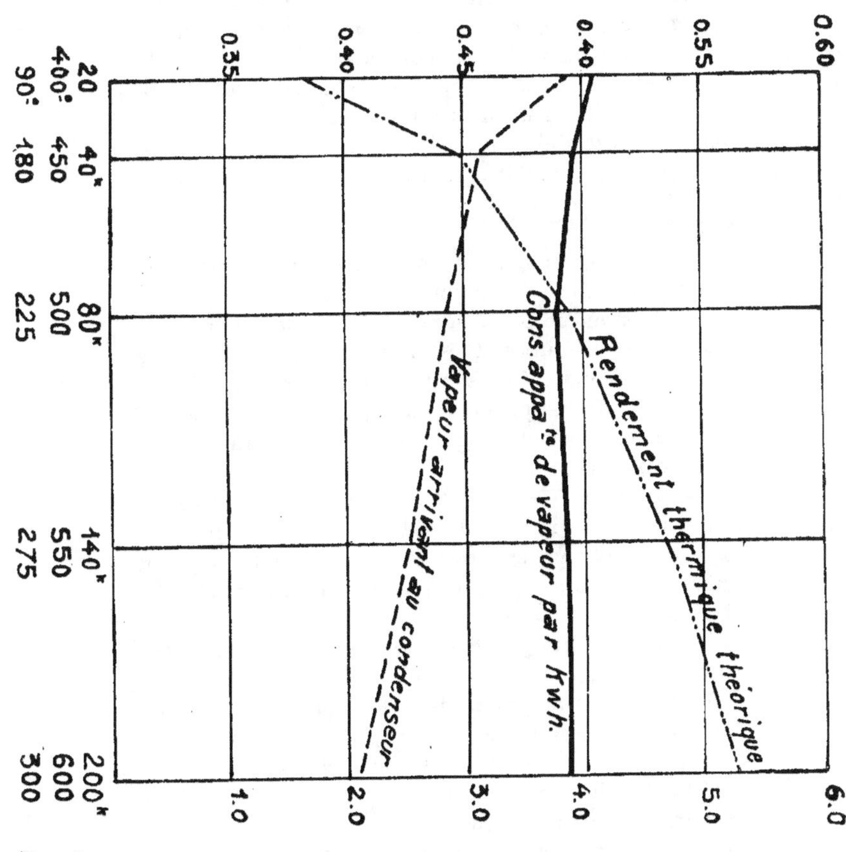

Fig. 11. — Graphique donnant pour 1 *kwh sur l'arbre* dans quelques cas :
La consommation apparente de vapeur (entrée turbine) ;
La vapeur arrivant au condenseur ;
Le rendement thermique théorique du cycle.

d'une façon approximative les surfaces peuvent être réduites dans le rapport inverse des vitesses.

Une grande vitesse de circulation a en plus l'énorme avantage pour l'exploitation *de maintenir à peu près constamment propre la surface intérieure des tubes*, tout au moins pour les condenseurs à eau froide. La vitesse empêche l'adhérence des boues. Cette adhérence n'est pas encore nulle à 2 m. 50 de vitesse, mais elle est déjà très diminuée. Avec une vitesse plus grande, le résultat sera encore meilleur.

Emploi de tubes de très petit diamètre :

On admet rarement dans les condenseurs de centrales des tubes de moins de 20 mm. de diamètre intérieur, pour ne pas rendre trop difficile le nettoyage individuel des tubes. C'est à notre avis une erreur. Il vaut mieux, grâce à une vitesse d'eau suffisante dans les tubes, supprimer ou espacer les nettoyages, et renoncer aux nettoyages tube par tube qui ne sont pas nécessaires.

On peut en effet, tout au moins pour les condenseurs à eau de rivière dont les dépôts sont boueux, faire des nettoyages beaucoup plus rapides et plus efficaces par un séchage qui décolle les particules boueuses :

Soit par chauffage modéré à la vapeur du condenseur à l'arrêt ;

Soit en faisant passer dans les tubes à l'arrêt un courant d'air chaud (méthode que nous n'avons pas essayée, mais qui serait sans doute efficace).

Cela dit, il n'y a pas d'inconvénient à descendre le diamètre des tubes jusqu'à 12 à 15 mm., ou même au-dessous, moyennant une filtration suffisante de l'eau de circulation. On en retirera comme avantages :

Une meilleure transmission des calories (côté eau et côté vapeur).

La possibilité de loger plus aisément une surface de condenseur donnée dans un volume d'enveloppe donnée en diminuant la résistance interne du condenseur.

Il sera bon, pour aider à maintenir la propreté des tubes en marche, de revenir à *l'étamage des tubes sur leurs 2 faces*, auquel on avait renoncé pour des raisons d'économie. Ce sera d'autant plus aisé que les surfaces seront plus réduites.

Étanchéité rigoureuse à l'eau de circulation :

Il est inutile, en effet, de distiller à grands frais l'eau d'appoint, quand on risque par ailleurs d'introduire dans le circuit des quantités importantes d'eau brute. Il existe des garnitures étanches pour les presse-étoupe. On peut même imaginer des modes de construction qui permettraient de les supprimer, surtout avec des petits tubes.

Nous avons la conviction qu'en tenant compte des données ci-dessus, on fera des condenseurs absorbant 50.000 *calories par m² et par heure*, en réalisant un haut vide, compte tenu de la température de l'eau de circulation, et en ne consommant pour la circulation que 0,4 à 0,5 % de la puissance produite, si les caractéristiques choisies sont assez élevées.

L'exemple suivant montre l'influence énorme que peuvent avoir certaines dispositions sur l'efficacité des condenseurs.

Les condenseurs des 5 premiers groupes de 40.000 kilowatts de l'Usine de Gennevilliers ont les caractéristiques suivantes :

Surface 3.500 m2 en tubes de 20/22, un seul parcours. Vitesse de l'eau 1 m. 90. Vide garanti avec eau à 15°, en condensant 160 tonnes à l'heure, 96,5 %. Ce vide est réalisé de justesse quand les condenseurs sont très propres. La surface de ces condenseurs était considérée comme plutôt un peu faible.

Au moment de tuber le condenseur du 6ᵉ groupe, qui devait être identique aux anciens, le constructeur proposa, à titre d'essai, de ne pas placer tous les tubes d'abord. Comme on était à l'entrée de l'hiver où la température de l'eau est basse, sa proposition fut acceptée, et le condenseur tubé avec 2.580 *m2 seulement* (26 % en moins). Il en résulta plus de vitesse dans les tubes (2 m. 30 par seconde), un débit d'eau diminué de 10 % du fait de la résistance supplémentaire, le travail des moteurs de circulation restant le même. Le résultat fut remarquable : l'appareil condensa jusqu'à 200 *tonnes* à l'heure, soit un taux de 42.000 *calories par m²-heure*, avec un vide très élevé et se montra nettement supérieur aux anciens comme vide et comme tendance au salissement. Cette supériorité s'est plutôt accentuée avec le régime d'été et au bout de 4.000 heures de marche. Les tubes dont la pose avait été ajournée n'ont donc pas été placés.

Eau d'alimentation :

La question de l'eau d'alimentation prendra une importance plutôt croissante au fur et à mesure qu'augmenteront la pression et le taux de travail des chaudières. Il sera en effet nécessaire de n'introduire dans les chaudières que de l'eau à peu près pure pour en éviter le salissement et pour assurer la marche des régulateurs d'alimentation.

Les rentrées d'eau au condenseur devront donc être pratiquement nulles et les récupérations de purges et d'eau distillée aussi complètes que possible. Le pourcentage d'eau d'appoint des bonnes centrales actuelles est jusqu'ici de 2 à 4 %. Des efforts devront encore être faits pour abaisser ce chiffre. Jusqu'à présent une bonne épuration suffit encore pour cet appoint. On adoptera, s'il le faut, la distillation : c'est une solution déjà employée et qui n'est pas trop onéreuse en employant de la vapeur de soutirage.

Pompes alimentaires :

Les pompes alimentaires devront avoir, encore plus qu'actuellement, une *grande sécurité de marche*. Les chaudières, en effet, étant à petit volume et à grand débit, ne souffriront pas le manque d'eau pendant de longs instants.

On les alimentera utilement, à ce point de vue, avec 2 circuits indépendants sur pompes alimentaires séparées, comportant des alimentateurs automatiques multiples.

D'autre part, ces pompes devront avoir un *rendement élevé*, en raison de l'importance du travail qu'elles fourniront. Leur fonctionnement sera très suivi pour en obtenir la meilleure utilisation possible. A la pression de 200 kg par exemple, pour le cas donné plus haut, elles absorberaient 2 à 3 % de la puissance produite (dont une partie serait d'ailleurs récupérable sous forme de calories à la chaufferie).

Les pompes alimentaires seront utilement à vitesse variable.

CHAPITRE VI

LE CYCLE A RESURCHAUFFE CONTINUE

Nous avons déjà rappelé plus haut, sous ce nom, le principe d'un cycle dans lequel la vapeur fonctionnerait de la façon suivante :

Admise à l'entrée de la turbine à la température T maximum permise par la nature du métal, elle serait détendue dans les étages successifs.

Mais au lieu de la laisser se refroidir par suite de la détente et du travail mécanique fourni, on prolongerait la surchauffe dès l'entrée de la turbine pour la maintenir à la température constante T aussi longtemps qu'il le faudrait pour obtenir le rendement maximum. Pour cela, la resurchauffe serait arrêtée à une pression telle que la vapeur, se détendant ensuite adiabatiquement, arrivât exactement saturée au condenseur.

La différence entre cette façon de faire et la resurchauffe telle qu'elle a été envisagée jusqu'ici est fondamentale. Jusqu'à présent, en effet, on détend la vapeur assez loin dans la turbine pour qu'en la resurchauffant une fois vers sa température primitive, elle reste saturée dans sa deuxième détente jusqu'aux environs du condenseur. *On fait donc de la resurchauffe dans la région des basses pressions,* avec les inconvénients qui en résultent, et un bénéfice thermique assez faible.

Au contraire, dans le cycle à surchauffe continue, la fourniture supplémentaire de chaleur se passe tout entière *pendant que la vapeur est à faible volume.* Il est alors beaucoup plus facile de lui fournir de la chaleur à la turbine même. (Voir fig. 5, page 12.)

En regardant la représentation de ce cycle sur le diagramme entropique, on voit que l'opération consiste à élargir les aires du diagramme d'une bande rectangulaire dans le sens des entropies croissantes. Comme ces bandes ont le rendement de Carnot qui correspond à la température T et à celle du condenseur, le rendement du cycle primitif en est augmenté d'autant plus que la bande rectangulaire aura une plus grande largeur, c'est-à-dire que la surchauffe aura pu être continuée plus loin.

Si la turbine avait un rendement thermodynamique

égal à l'unité, la surchauffe pourrait être continuée
jusqu'à l'entropie du point où la courbe de saturation
rencontre la ligne d'égale pression correspondant à la
pression au condenseur. Il n'y aurait aucun intérêt
à prolonger la surchauffe de façon à avoir au condenseur de la vapeur encore surchauffée.

Du fait que le rendement thermodynamique est plus
petit que l'unité, la surchauffe continue devra être
arrêtée plus tôt, à une pression telle que la vapeur
arrive encore exactement saturée au condenseur.
Ce sera d'autant plus vite que le rendement thermodynamique sera plus faible.

Il est assez facile de calculer pour diverses pressions,
diverses températures et un rendement thermodynamique ρ donné, le rendement thermique du cycle
obtenu, en se servant du diagramme entropique ou
du diagramme de Mollier.

On peut d'ailleurs supposer également que le cycle
sera à soutirage de vapeur pour réchauffer l'eau
d'alimentation et les rendements obtenus sont naturellement encore supérieurs.

Sans nous arrêter pour le moment à la question de la
réalisation matérielle d'un tel cycle, nous allons
donner ci-après les résultats auxquels on est conduit.

1° *Rendement thermique* :

Il y a dans chaque cas une augmentation très nette
du rendement thermique par rapport aux autres
cycles les plus avantageux pour la même température
et la même pression.

Voici par exemple une série de chiffres qui s'enten-
dent pour la surchauffe continue maximum théorique,
c'est-à-dire pour $\rho = 1$:

CAS CONSIDÉRÉS	Cycle de Rankine	Cycle à soutirage (2)	Cycle à surch. continue (3)	Avantage de (3) sur (2)
Réch à				
25 k. — 400° — 150°	0,371	0,407	0,447	8,9 %
40 k. — 450° — 180°	0,395	0,448	0,490	8,5 —
80 k. — 500° — 225°	0,427	0,492	0,539	8,4 —
140 k. — 550° — 275°	0,451	0,533	0,585	8,8 —
200 k. — 600° — 300°	0,465	0,564	0,611	7,8 —

Il s'agit donc d'une augmentation sérieuse, de l'ordre de 8 à 9 %, des rendements thermiques déjà élevés obtenus par l'application poussée du soutirage.

Voyons ce que deviennent ces chiffres dans le cas pratique où le rendement ρ est plus petit que 1. Nous avons pris $\rho = 0,85$, chiffre qui paraît devoir être atteint assez rapidement étant donné les progrès en cours.

Le rendement thermique théorique est bien entendu diminué, mais reste néanmoins fort intéressant comme le montre le tableau ci-après.

CAS CONSIDÉRÉS	Rendement thermique théorique	
	Cycle à surchauffe continue $\rho = 1$	Cycle à surchauffe continue $\rho = 0,85$
Réch. à		
25 kg — 400° — 150°	0,447	0,442
40 kg — 450° — 180°	0,490	0,469
80 kg — 500° — 225°	0,539	0,524
140 kg — 550° — 275°	0,585	0,564
200 kg — 600° — 300°	0,611	0,596

2° *Taux de vapeur par kilowatt-heure* :

La chaleur mise en jeu pendant le cycle de 1 kg de vapeur avec surchauffe continue se compose :

D'une part, de la quantité de chaleur contenue dans 1 kg de vapeur à la pression p et à la température T à laquelle commence la détente adiabatique ;

D'autre part, de la chaleur transformée en travail mécanique pendant cette détente avec surchauffe continuée, chaleur qui a été fournie au cycle.

On obtient ainsi pour 1 kg de vapeur des chiffres considérables de chaleur mise en jeu et de la chaleur retrouvée en travail mécanique. Il en résultera des taux faibles de consommation pour 1 kilowatt-heure, point qui a une importance très grande, surtout dans les pressions élevées.

Sans nous arrêter plus longtemps au cas théorique où $\rho = 1$, voici quelques chiffres correspondant à $\rho = 0,85$ pour les cas considérés.

Cas considérés	Calories (1) totales mises en jeu par kg de vapeur	Calories (2) retrouvées en travail mécanique	Taux de vapeur par kwh
Réch. à			Kg
25 kg — 400° — 150°	768	288	2,99
40 kg — 450° — 180°	772	308	2,80
80 kg — 500° — 225°	763	340	2,53
140 kg — 550° — 275°	732	351	2,43
200 kg — 600° — 300°	736	373	2,32

(1) Déduction faite des calories récupérées au réchauffage de l'eau.

(2) Déduction faite des calories consacrées au réchauffage de l'eau.

On voit à quelles consommations extrêmement réduites par kilowatt-heure on arrive.

3° *Surfaces d'échange* :

On peut faire également ici, comme il a été indiqué plus haut, la répartition des calories à la production et à l'utilisation entre les différentes surfaces d'échange, soit pour 1 kg de vapeur, soit pour 1 kilowatt-heure disponible sur l'arbre. On pourra en déduire, par l'application des taux d'échange admis, les surfaces nécessaires pour réaliser une puissance de 1.000 kilowatts sur l'arbre.

Les résultats auxquels on arrive deviennent tout à fait remarquables.

POUR I KILOWATT-HEURE SUR L'ARBRE

CALORIES A TRANSMETTRE

Cas considérés	Chaudière	Surchauf-feur	Resurchauf-feur	Réchauffeur d'eau	Condenseur	Poids de vapeur arriv. au condens.
Réch. à						Kg
25 kg — 400° — 150°	1.570	292	422	453	1,413	2,34
40 kg — 450° — 180°	1.391	322	445	508	1,287	2,12
80 kg — 500° — 225°	1.107	344	386	588	1,076	1,78
140 kg — 550° — 275°	828	463	502	703	932	1,55
200 kg — 600° — 300°	599	561	550	730	849	1,40

Ces quelques chiffres se rapportant aux cas considérés jusqu'ici. (Nous avons appelé *resurchauffeur* l'appareil qui transmettrait les calories pour la surchauffe continue et nous lui avons admis le même taux d'échange que le surchauffeur.)

En admettant les mêmes taux d'échange que précédemment, on est conduit aux surfaces d'échange ci-après pour 1.000 kilowatts de puissance sur l'arbre. Nous avons indiqué dans la dernière colonne le débit d'eau froide nécessaire pour la condensation en m3 à l'heure pour la même puissance et pour un échauffement moyen de 5°. cent.

POUR 1.000 KILOWATTS DE PUISSANCE SUR L'ARBRE

CAS CONSIDÉRÉS	Surface chaudière m²	Surface surch. m²	Surface resurch. m²	Surface réch. d'eau m²	Surface condenseur m²	Eau froide m³ par heure
Réch. à						
25 kg — 400° — 150°	52,3	14,6	21,9	8,9	35,3	283
40 kg — 450° — 180°	46,4	16,1	22,3	10,2	32,1	260
80 kg — 500° — 225°	36,9	17,2	19,3	11,8	26,9	215
140 kg — 550° — 275°	27,6	23,1	25,1	14,0	23,3	186
200 kg — 600° — 300°	20,0	28,0	27,5	14,6	21,2	170

Les surfaces auxquelles on arrive sont donc encore beaucoup plus réduites que dans le cas du cycle avec simple réchauffage. Comme dans ce cas, mais avec accentuation, la surface chaudière et la surface condenseur diminuent énormément, au prix d'une augmentation moindre sur la surface du surchauffeur (ou resurchauffeur) et celle du réchauffeur d'eau. Les conséquences au point de vue des dépenses d'installation en seront considérables.

Voici, à titre de curiosité, les chiffres auxquels on arrive si l'on suppose que ρ puisse s'élever à 0,90 pour le cas (200 kg — 600° — réch. 300°), limite qu'on puisse envisager pour le moment :

Chaleur totale absorbée par 1 kg de vapeur .... 1.103 calor.

Chaleur mise en jeu dans le cycle de vapeur .... 789 calor.

Travail mécanique théorique.......... 471 —

Rendement thermique théorique du cycle 0,597

Travail mécanique réel obtenu pour 1 kg
de vapeur......................... 424 calor.
*Consommation de vapeur par kilowatt-
heure sur l'arbre* .... 2 kg 06
Calories réelles à fournir pour 1 kwh..... 1.603

POUR 1.000 KILOWATTS SUR ARBRE

Surface chaudière .... 17 m² 5
— surchauffeur .... 24 m² 6
— resurchauffeur .... 29 m² 3
— réchauffeur d'eau .... 12 m² 7
— condenseur .... 18 m² 5
Eau froide nécessaire par heure.. 148 m³
Poids de vapeur arrivant au condenseur par kilowatt-heure-
arbre .... 1 kg. 23

En réalité, *lorsqu'on réalisera des unités de ce genre,
les surfaces auxquelles on arrivera seront encore beaucoup plus faibles,* car leur petitesse même permettra
d'arriver à des taux d'échange bien plus élevés que
ceux, volontairement modérés, adoptés pour nos
calculs.

EXAMEN DE LA RÉALISATION DU CYCLE
A RESURCHAUFFE CONTINUE

Jusqu'ici, du moins à notre connaissance, le cycle
à surchauffe continue a été considéré comme impos-
sible à réaliser pratiquement, en raison de la difficulté de fournir à la vapeur une quantité importante
de chaleur pendant sa détente. Avec les chiffres
auxquels nous sommes arrivés plus haut, la question
nous paraît changer complètement d'aspect.

Il faut que la turbine HP soit en même temps un
surchauffeur. Or, pour d'autres raisons, cette turbine
sera de petit diamètre, à un nombre élevé d'étages.
Cette construction se prêtera fort bien à l'adjonction,
à la périphérie, des éléments surchauffeurs qui seront
d'ailleurs d'un type tout particulier.

La vapeur à cet endroit sera extrêmement pure
après son passage à travers les surchauffeurs précé-
dents. Rien n'empêche dès lors d'utiliser des tubes de
très faible diamètre intérieur, à ailettes. au besoin

pris dans la masse. Avec des tubes de 5 mm. d'orifice par exemple, et de larges ailettes, on aurait dans ces conditions des transmissions énormes, sans doute comprises entre 100.000 *et* 200.000 *calories par heure et par m2 de surface comptée du côté vapeur* (c'est la seule pour laquelle on soit limité).

Les directrices elles-mêmes pourront servir à la transmission d'une partie de cette chaleur, dans la mesure où le permettra leur conductibilité.

Nous n'avons pas la prétention de traiter ici ce problème de transmission, nous indiquons simplement que grâce aux caractéristiques élevées sa solution paraît possible. C'est évidemment toute une technique nouvelle dans la construction des turbines.

A remarquer également que comme il est nécessaire de placer le resurchauffeur aux environs de la turbine, on peut également y placer tout ou partie du surchauffeur de façon à limiter aux environs immédiats de la turbine les métaux spéciaux supportant les hautes températures. Allant encore plus loin, on peut supposer que la chaudière elle-même, qui est réduite à une très faible surface, soit également placée aux environs immédiats de la turbine, de sorte que l'on arrive à un arrangement assez semblable à celui des machines mi-fixes.

C'est pour cette raison que nous avons parlé plus haut de l'application d'un *foyer à gaz* qui conviendrait beaucoup mieux à une salle de machines. D'autre part, les gaz débarrassés de poussières ne saliraient pas les faisceaux tubulaires, d'où transmission meilleure et nettoyages moins nécessaires.

Avec cette nouvelle conception, une centrale à vapeur comporterait, pour la production et l'utilisation de la vapeur :

1º Un atelier de distillation et de gazéification remplaçant les chaufferies actuelles et fournissant son gaz aux foyers des turbines. Une réserve de gaz serait sans doute à faire dans des gazomètres ;

2º Des unités chaudières-turbo alternateurs, toutes indépendantes entre elles, et comprenant chacune :

2 chaudières dont une pouvant être en réserve ;

1 surchauffeur ;

1 réchauffeur d'air.

La turbine HP avec son resurchauffeur. Cette turbine serait à très grande vitesse, de petit diamètre, avec un grand nombre d'étages.

Tout ce qui précède pourrait, dans une certaine mesure, être réuni en bloc et comporterait, notamment, toutes les pièces en métaux spéciaux pouvant supporter les températures supérieures à 450°.

Ensuite, une turbine BP, dédoublée ou non, sur laquelle seraient faites toutes les prises de vapeur pour réchauffage de l'eau, et échappant au condenseur. Ce dernier ensemble ressemblerait aux installations actuelles. Les génératrices correspondant aux parties HP et BP seraient soit séparées, soit réunies en une seule.

Avec des groupes aussi compacts, on arriverait certainement à réduire énormément les pertes caloriques de toute nature qui donnent une telle importance, dans les centrales actuelles, à la notion de l'horaire. Il est probable qu'en plus de l'économie résultant du cycle adopté, on aurait de ce fait une grosse économie indirecte et *qu'on réaliserait des rendements thermiques pratiques du même ordre que ceux obtenus avec les moteurs Diesel* avec l'avantage que ces résultats seraient obtenus avec du charbon.

L'avenir dira ce qu'il faut penser de cette manière de voir.

Nous ferons remarquer cependant qu'une expérimentation progressive de la surchauffe continue ne sera ni très difficile ni très onéreuse, et ne constituera pas une aventure. Les turbines HP commenceront à être munies d'un ou deux éléments surchauffeurs dont l'appoint de chaleur améliorera certainement le rendement thermique, et qui en cas d'échec pourraient être enlevés. Ces essais seront surtout aisés si la pression et la vitesse de rotation sont élevées.

CHAPITRE VII

CONCLUSIONS

Nous avons voulu, dans cette étude, mettre en relief l'intérêt considérable qui s'attache, dans l'emploi de la vapeur pour produire la force motrice, à utiliser :

Des pressions de plus en plus élevées.

Des températures de plus en plus élevées.

Le soutirage de vapeur pour réchauffer l'eau condensée le plus possible.

En ne considérant tout d'abord que l'évolution des cycles actuels, nous sommes arrivés aux conclusions suivantes :

a) *Point de vue thermique* :

Le bénéfice thermique théorique croît en même temps que les caractéristiques. Nous arrivons pour 200 kg et 600° à près de 30 % *d'économie* par rapport aux meilleures centrales actuelles. Le bénéfice pratique serait probablement plus élevé, comme conséquence normale des dimensions plus réduites des appareils, de leur plus grande souplesse, et de leur allure plus active.

b) *Grandeur des surfaces d'échange* :

Les surfaces d'échange à installer pour obtenir une puissance donnée varient comme suit :

La surface *chaudière* diminue rapidement lorsque les caractéristiques s'élèvent. Limite trouvée : 33 m^2 *pour* 1.000 *kilowatts* (25 à 30 % seulement des chiffres actuels).

La surface *surchauffeur* varie en sens inverse, mais assez lentement. Limite trouvée : 47 m^2 *pour* 1.000 *kilowatts* (100 à 150 % des chiffres actuels).

La surface des *réchauffeurs d'eau* augmente avec les caractéristiques, mais reste assez faible. Limite (probablement trop forte) : 24 m^2 *pour* 1.000 *kilowatts*.

La surface *condenseur* diminue rapidement, comme celle de la chaudière, quand les caractéristiques s'élèvent. Limite trouvée : 26 m^2 *pour* 1.000 *kilowatts* (25 à 30 % des chiffres actuels).

Cette variation des surfaces est progressive, et, dans son ensemble, toujours dans le sens favorable.

c) *Volume d'eau de circulation nécessaire* :

Le poids d'eau de circulation dont il faut disposer pour une puissance donnée diminue lorsque les caractéristiques s'élèvent. Nous trouvons comme limite pour un échauffement de 5°, 210 m^3 *heure* pour 1.000 kilowatts (40 à 50 % des chiffres actuels).

d) *Poids de vapeur passant dans la dernière roue des turbines* :

Ce poids diminue lorsque les caractéristiques s'élèvent, d'où des facilités nouvelles pour construire des turbines à grande vitesse, ayant toute la sécurité voulue et un bon rendement thermique.

Limite trouvée : 2 *kg* 12 *par kilowatt-heure /arbre* (40 % des chiffres actuels).

e) *Point de vue des dépenses de premier établissement* :

Ce point de vue aura pendant longtemps une importance capitale, dans l'établissement des centrales, à cause du loyer très élevé de l'argent, et de l'amortissement rapide qu'il faut faire du matériel. Il est un genre d'usine où cette importance est particulière : les usines thermiques de secours qu'on construit de plus en plus comme réserve des usines hydrauliques.

Si l'on examine, d'après ce qui précède, l'influence des caractéristiques élevées sur les frais d'établissement, on trouve :

Du côté des avantages :

Une réduction des installations *proportionnelle à la dépense de charbon* (une partie du terrain, manutentions, charbon et mâchefer, foyers et chambres de combustion, installations de tirage et de soufflage, etc...).

Une réduction des installations *intéressant l'eau de circulation* (prise d'eau, filtration, conduites, pompes de circulation, s'il s'agit d'eau de rivière ; réfrigérants, conduites et pompes, s'il s'agit de réfrigérants).

Une réduction considérable de la surface de *chaudière*, surface très chère, avec la réduction correspondante d'emplacement et de bâtiment.

Une réduction importante de la surface *condenseur*.

Une réduction des dimensions des tuyauteries, de l'espace nécessaire, et de leur prix d'ensemble.

La possibilité d'installer des groupes turbo-alternateurs de grande vitesse, légers, économiques, et à prix modérés, dans des limites bien plus étendues, et la réduction correspondante des fondations, bâtiments, etc...

Du côté des inconvénients :

Augmentation, *à surface égale*, du prix des appareils d'échange utilisant des pressions plus élevées (chaudière, surchauffeur, réchauffeurs d'eau).

Pour les chaudières, cet inconvénient est largement compensé par la diminution de surface nécessaire. Pour les surchauffeurs et les réchauffeurs d'eau, il est relativement peu important, et peut-être dans une large mesure réduit par l'emploi de taux d'échange élevés.

Dépenses supplémentaires occasionnées par l'emploi de métaux spéciaux supportant les températures élevées.

La conclusion de ce bilan ne nous paraît pas douteuse :

L'emploi de caractéristiques élevées de la vapeur pour les centrales conduira à des dépenses d'établissement moindres par kilowatt installé, et cela d'autant plus que les caractéristiques seront, dans leur ensemble, plus élevées.

Il restera comme bénéfice supplémentaire toute l'amélioration réalisée sur la dépense de combustible, et les autres dépenses de fonctionnement qui y sont liées.

Ces résultats peuvent être atteints, selon nous, sans mettre en jeu la sécurité, qui est à la base même de l'exploitation des centrales, et dont la perfection doit être de plus en plus recherchée. Nous croyons personnellement à une évolution rapide dans ce sens, et nous prévoyons d'heureuses surprises, aussi bien du côté des charges financières que du côté du fonctionnement, pour ceux qui feront cette évolution.

Les producteurs d'énergie ont constamment le souci de faire en temps voulu, avec des moyens financiers limités, de gros accroissements de puissance. Ils doivent les prévoir aussi économiques et aussi modernes que possible pour pouvoir les amortir sur une période plus longue. Ils ont donc un intérêt majeur à s'orienter dans cette voie pour leurs installations nouvelles.

Les constructeurs ont de leur côté intérêt à favoriser cette évolution et à se tenir prêts, par l'amélioration continue de leur technique, à fournir le matériel dé iré. Ils trouveront, dans la construction d'usines nouvelles ou la rénovation des usines existantes, des débouchés illimités (1).

*
* *

Nous avons enfin montré qu'à côté de cette évolution dans un cycle connu, on pouvait entrevoir par l'application du cycle à surchauffe continue des résultats encore meilleurs : rendements thermiques comparables à ceux des moteurs à combustion interne, mais obtenus avec du charbon et sans limitation de puissance ; consommations pratiques comprises entre 300 *et* 400 *gr. de charbon par kilowatt-heure aux bornes des génératrices*. De grands progrès restent donc encore à faire dans l'utilisation complète des propriétés de ce merveilleux agent de transformation d'énergie qu'est la vapeur d'eau.

---

(1) Depuis que cette note a été rédigée, nous avons appris par la presse technique qu'il aurait été commandé à la firme Erste Brünner, par une Compagnie minière, une turbine à vapeur répondant aux caractéristiques suivantes :

— Puissance 26.000 kW, en 4 corps, sur le même arbre.
— Vitesse de rotation 3.000 tours min.
— Pression à l'admission 100 à 120 kg par cm^2.
— Température à l'admission 450 à 500° cent.

Ce serait un premier pas dans le sens de l'évolution que nous avons indiquée.

Imp. de l'Édition et de l'Industrie, Montrouge (Seine). - 1925 - 3700